# yukismart.com/b/6a5ab6

**gato**

แมว

*maeo*

**perro**

สุนัข

*sunak*

**pez**

ปลา

*pla*

**pájaro**

นก

*nok*

**gallina**

แม่ไก่

*mae kai*

**gallo**

ไก่ตัวผู้

*kaituaphu*

**pollito**

ลูกไก่

*lukkai*

**huevo**

ไข่

*khai*

**vaca**

วัว

*wua*

**oveja**

แกะ

*kae*

**cerdo**

หมู

*mu*

**cabra**

แพะ

*phae*

## caballo

ม้า

*ma*

## burro

ลา

*la*

**ratón**

หนู

*nu*

**conejo**

กระต่าย

*kratai*

## pavo
ไก่งวง

*kainguang*

## ganso
ห่าน

*han*

## pavo real
นกยูง

*nokyung*

**pato**
เป็ด
*pet*

**patito**
ลูกเป็ด
*luk pet*

**cisne**
หงส์
*hong*

# libélula
## แมลงปอ
*malaengpo*

# mosca
## แมลงวัน
*malaengwan*

# hormiga
## มด
*mot*

# oso hormiguero
## ตัวกินมด
*tuakinmot*

**mariquita**

แมลงเต่าทอง

*malaengtaothong*

**lombriz de tierra**

ไส้เดือน

*saiduean*

**babosa**

ทาก

*thak*

## oruga
### หนอนผีเสื้อ
*nonphisuea*

## caracol
### หอยทาก
*hoithak*

## mariposa
### ผีเสื้อ
*phisuea*

## saltamontes
### ตั๊กแตน
*takkataen*

# abeja

ผึ้ง

*phueng*

# miel

น้ำผึ้ง

*namphueng*

**araña**

แมงมุม

*maengmum*

**hierba**

หญ้า

*ya*

**escarabajo**

ด้วง

*duang*

**mosquito**

ยุง

*yung*

**escorpión**

แมงป่อง

*maengpong*

**lagarto**

กิ้งก่า

*kingka*

**tortuga**

เต่า

*tao*

**cangrejo**

ปู

*pu*

**gamba**

กุ้ง

*kung*

**langosta**

กุ้งมังกร

*kungmangkon*

# ballena

วาฬ

*wan*

# tiburón

ปลาฉลาม

*plachalam*

# raya

ปลากระเบน

*plakraben*

# delfín

## โลมา

*loma*

## erizo de mar

เม่นทะเล

*menthale*

## medusa

แมงกะพรุน

*maengkaphrun*

## calamar

ปลาหมึก

*plamuek*

**estrella de mar**

ปลาดาว

*pladao*

**gaviota**

นกนางนวล

*noknangnuan*

**mar**

ทะเล

*thale*

**pelícano**

นกกระทุง

*nokkrathung*

**cormorán**

นกอ้ายงั่ว

*nok-aingua*

# conchas

เปลือกหอย

*plueakhoi*

# arena

ทราย

sai

**elefante**

ช้าง

*chang*

**cebra**

ม้าลาย

*malai*

**jirafa**

ยีราฟ

*yirap*

**serpiente**

งู

*ngu*

**cocodrilo**

จระเข้

*chorakhe*

**león**

สิงโต

*singto*

**tigre**

เสือ

*suea*

# hipopótamo

ฮิปโปโปเตมัส

*hippopotemat*

# rinoceronte

แรด

*raet*

**guepardo**

เสือชีตาห์

*sueachita*

**camello**

อูฐ

*ut*

**antílope**

ละมั่ง

*lamang*

## flamenco
### นกฟลามิงโก้
*nok fla ming ko*

## avestruz
### นกกระจอกเทศ
*nokkrachokthet*

## cigüeña
### นกกระสา
*nokkrasa*

loro
นกแก้ว
nokkaeo

gorila
กอริลลา
korinla

mono
ลิง
ling

**koala**
โคอาล่า
*kho-a la*

**panda**
หมีแพนด้า
*miphaenda*

**canguro**
จิงโจ้
*chingcho*

## erizo

เม่น

*men*

## ardilla

กระรอก

*krarok*

## lobo

หมาป่า

*mapa*

## zorro

สุนัขจิ้งจอก

*sunakchingchok*

**mapache**

แรคคูน

*rae*

**oso**

หมี

*mi*

**ciervo**

กวาง

*kwang*

**águila**

นกอินทรี

*nok-insi*

**murciélago**

ค้างคาว

*khangkhao*

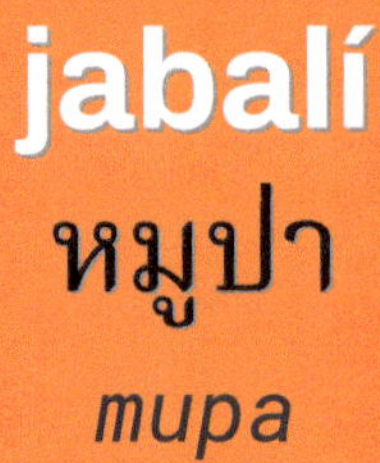

**jabalí**

หมูป่า

*mupa*

**cuervo**

อีกา

*ika*

**búho**

นกฮูก

*nokhuk*

## pájaro carpintero
### นกหัวขวาน
*nokhuakhwan*

## turón
### พังพอนเหม็น
*phangphon men*

## topo
### ตุ่น
*tun*

## castor
### บีเวอร์
*bi woe*

**oso polar**
หมีขั้วโลก
*mikhualok*

**nieve**
หิมะ
*hima*

**pingüino**
เพนกวิน
*phenkawin*

**búho nival**
นกเค้าแมวหิมะ
*nokkhaomaeo hima*

**bosque**

ปา

*pa*

**montaña**

ภูเขา

*phukhao*

# narval
## วาฬนาร์วาล
*wan na wan*

# orca
## วาฬเพชฌฆาต
*wanphetchakhat*

# morsa
## วอลรัส
*wonrat*

# foca
## แมวน้ำ
*maeonam*

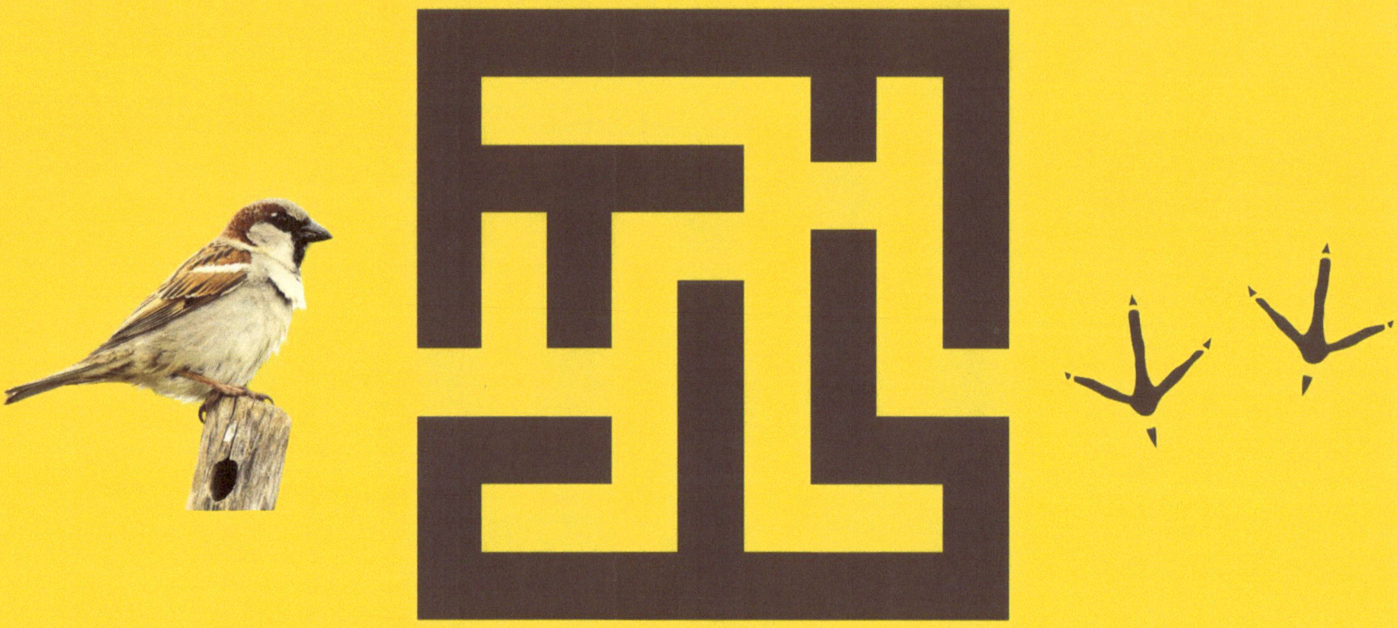

www.ingramcontent.com/pod-product-compliance
Lightning Source LLC
LaVergne TN
LVHW071641180726
843512LV00002B/359